BEI GRIN MACHT SICH IHR WISSEN BEZAHLT

AF130149

- Wir veröffentlichen Ihre Hausarbeit, Bachelor- und Masterarbeit

- Ihr eigenes eBook und Buch - weltweit in allen wichtigen Shops

- Verdienen Sie an jedem Verkauf

Jetzt bei www.GRIN.com hochladen und kostenlos publizieren

Bibliografische Information der Deutschen Nationalbibliothek:

Die Deutsche Bibliothek verzeichnet diese Publikation in der Deutschen National-
bibliografie; detaillierte bibliografische Daten sind im Internet über http://dnb.d-
nb.de/ abrufbar.

Impressum:

Copyright © 2017 GRIN Verlag
Druck und Bindung: Books on Demand GmbH, Norderstedt Germany
ISBN: 9783668763951

Dieses Buch bei GRIN:

https://www.grin.com/document/435079

Kim Lisa Markmann

Umgang mit Unterrichtsstörungen. Bildungswissenschaftliche Theorieansätze und Methoden zur Umsetzung

GRIN Verlag

GRIN - Your knowledge has value

Der GRIN Verlag publiziert seit 1998 wissenschaftliche Arbeiten von Studenten, Hochschullehrern und anderen Akademikern als eBook und gedrucktes Buch. Die Verlagswebsite www.grin.com ist die ideale Plattform zur Veröffentlichung von Hausarbeiten, Abschlussarbeiten, wissenschaftlichen Aufsätzen, Dissertationen und Fachbüchern.

Besuchen Sie uns im Internet:

http://www.grin.com/

http://www.facebook.com/grincom

http://www.twitter.com/grin_com

Technische Universität Dortmund
Aufgaben von Lehrerinnen und Lehrern in Schule und Unterricht
Sommersemester 2017

Theorie-Praxis-Bericht

des Eignungs- und Orientierungspraktikums
am Berufskolleg der Stadt Dortmund

Kim Lisa Markmann
BA Lehramt BK Wirtschaftswissenschaften und Germanistik
LABG 2016
2. Fachsemester

Inhaltsverzeichnis

1.   Einleitung: Vorschau auf die Inhalte dieses Berichts

Im folgenden Bericht über mein Einführungs- und Orientierungspraktikum am Berufskolleg der Stadt Dortmund werde ich Ihnen die besuchte Schule vorstellen.

Im Anschluss daran folgt eine biographische Reflexion bezüglich meiner Erinnerungen an meine eigene Schulzeit und meiner Beweggründe, das Lehramtsstudium für Berufsschulen mit den Fächern Wirtschaftswissenschaften und Germanistik für mich und meinen zukünftigen Werdegang gewählt zu haben.

Im zweiten Abschnitt des Berichts werde ich genauer auf den von mir gewählten Beobachtungsbereich „Umgang mit Unterrichtsstörungen" eingehen. Zunächst werde ich die theoretischen Vorgehensweisen und einige bildungswissenschaftliche Theorieansätze beim Umgang mit Unterrichtsstörungen aufzeigen. Hierzu werde ich anfangs erläutern, welche Unterrichtsstörungen es gibt, um im Anschluss daran verschiedene Methoden zum Umgang mit Unterrichtsstörungen zu erwähnen. Mittels der Fragestellung „Welche Methoden werden zur Unterbindung von Unterrichtsstörungen an der Praktikumsschule eingesetzt und wie erfolgreich sind sie? " werde ich Bezug auf meine Beobachtungen im Unterricht nehmen und vorstellen, wie in der Praxis mit Unterrichtsstörungen umgegangen wird.

Im dritten Abschnitt beschreibe ich eine von mir gehaltene Unterrichtsstunde. Hierbei gehe ich sowohl auf den Inhalt, als auch auf die unterrichtete Lerngruppe und die damit verbundenen Entscheidungen zum Ablauf des Unterrichts und der Wahl der Sozialformen und Materialien ein.

Zum Abschluss meines Berichts werde ich resümieren, welche Erfahrungen ich durch dieses Praktikum für meinen weiteren Weg gesammelt habe, und welche Schlüsse und Erkenntnisse ich aus der Zeit am Berufskolleg der Stadt Dortmund für meinen beruflichen aber auch privaten Weg mitnehmen konnte.

1.1 Beschreibung und Eindrücke der Praktikumsschule

Das Berufskolleg der Stadt Dortmund versteht sich als regionales Qualifizierungszentrum für die berufliche und allgemeine Bildung. Zu den Schwerpunkten der Bildungsarbeit zählen die Bereiche Gesundheit, Erziehung, Soziales, Pflege sowie das Ernährungs- und Versorgungsmanagement. In diesem Spektrum bedarfs- und zukunftsorientierter Bildungsgänge hat die Schule es sich zur Aufgabe gemacht, den Schülerinnen, Schülern, Auszubildenden und Studierenden eine qualitativ hochwertige Ausbildung zu ermöglichen. Innovative und individuelle Förderkonzeptionen im Unterricht, sowie in zahlreichen Kursen und Projekten bieten den Schülerinnen und Schülern die Möglichkeit zur Bereicherung des eigenen Lernprozesses und zum Erwerb beruflich bedeutsamer Zusatzqualifikationen. Eine fördernde und fordernde Schulatmosphäre ermöglicht es allen an ihrer individuellen Leistungsbereitschaft und Persönlichkeitsentwicklung zielstrebig zu arbeiten, handwerkliche, kulturelle und soziale Interessen und Begabungen zu entfalten sowie Freude am und Bereitschaft zum lebenslangen Lernen zu entwickeln. Je nach individuellen Interessen, Schulabschlüssen und Begabungen offeriert die Schule attraktive Qualifizierungsmöglichkeiten. Die Verknüpfung von allgemeiner und beruflicher Bildung in nahezu 30 verschiedenen Bildungsgängen eröffnet die Möglichkeit, einen Berufsabschluss, eine berufliche Orientierung und/oder den nächst höheren allgemeinbildenden Abschluss bis hin zur Allgemeinen Hochschulreife zu erwerben.

Sowohl die Schülerschaft als auch das Kollegium zeichnen sich durch große Heterogenität aus. Bei den Lernenden sind verschiedenste Altersklassen und Bildungsziele vorzufinden. Auch das Lehrerkollegium weist Lehrerinnen und Lehrer mit unterschiedlichen Bildungslaufbahnen auf, von Quereinsteigern, über Gymnasial- und Gesamtschullehrerinnen und -lehrer bis hin zu Berufsschullehrerinnen und -lehrern von Beginn an. Für Probleme sowohl in der Schule, als auch im Alltag steht den Schülern ein Team von Sozialarbeitern für Fragen und Hilfestellungen zur Verfügung. Das Leitbild der Schule setzt sich vor allem aus angenehmer Lernatmosphäre, einem großen Bildungsangebot und kultureller Vielfalt in einem gleichberechtigten Miteinander zusammen. Durch die Nutzung moderner Medien wirkt der Unterricht motivierend für Schülerinnen und Schüler. Das Lernen erscheint für die Lernenden, aufgrund der Umsetzung der Modernisierung und der Anpassung an die sich wandelnde Medienlandschaft, abwechslungsreicher und „zeitgemäßer".

Ziel des umfangreichen Bildungsangebotes ist es, den Lernenden einen qualifizierten Einstieg in den Beruf oder auch in das Studium in einer sich stetig wandelnden, globalisierten Wirtschafts- und Arbeitswelt zu ermöglichen. Das gesamte Kollegium des Berufskollegs stellt sich diesen Herausforderungen mit großem Engagement und viel Kreativität. Deren Arbeit ist geprägt von einem Geist der Offenheit, des gegenseitigen Respekts und der Aufgeschlossenheit gegenüber Neuem. Für alle Beteiligten sind besonders konstruktive, gleichberechtigte und aggressionsfreie Formen des Zusammenlebens für alle am Schulleben Beteiligten wichtig, damit das Schulmotto „gemeinsam leben und lernen" erfolgreich umgesetzt wird (Vgl. Berufskolleg der Stadt Dortmund, Klaus Krutmann).

Die Schule unterstützt die Lernenden außerdem indem sie mit Betrieben, Bildungsträgern und weiteren Partnern in der Region kooperiert und den Unterricht dementsprechend praxisnah gestaltet. Auch die didaktische Jahresplanung wird mit den Ausbildungsbetrieben abgestimmt. Es gibt Klassen zur Berufseinstiegsqualifizierung, Ausbildungsvorbereitung und ein breit gefächertes Angebot im Bereich „Deutsch als Zweitsprache". Im Fachbereich Nahrungs- und Gastgewerbe, in dem ich eine Klasse kennengelernt habe und dort hospitieren durfte, werden folgende Bildungsgänge angeboten:

- Bäckerin/Bäcker
- Konditorin/Konditor
- Fachverkäuferin/Fachverkäufer Bäckerei/Konditorei
- Köchin/Koch
- Fleischerin/Fleischer
- Fachverkäuferin/Fachverkäufer im Lebensmittelhandwerk, Schwerpunkt Fleischerei
- Fachkraft im Gastgewerbe
- Fachfrau/Fachmann in der Systemgastronomie
- Hotelfachfrau/Hotelfachmann
- Restaurantfachfrau/Restaurantfachmann

- Hotel- und Restaurantfachfrau/-mann und Fachhochschulreife

(Vgl. Berufskolleg der Stadt Dortmund, Nahrungs- und Gastgewerbe)

Zusätzlich habe ich mich intensiv mit einer Klasse beschäftigt, die die einjährige Berufsfachschule mit dem Ziel einen Hauptschulabschluss nach Klasse 10 zu erlangen besucht. Die Berufsfachschule 1 bietet also in nur einem Jahr die Möglichkeit den Hauptschulabschluss nach Klasse 10 und eine berufliche Grundbildung im Berufsfeld Ernährungs- und Versorgungsmanagement zu erreichen. Im Rahmen der beruflichen Grundbildung können die Schülerinnen und Schüler testen, ob sie für eine Berufsausbildung in den Berufsfeldern des Gastgewerbes, des Nahrungsmittelhandwerks und der Hauswirtschaft geeignet sind, um

- später beruflich Gäste zu versorgen und zu betreuen,
- später Menschen in ihrer häuslichen Umgebung, in Krankenhäusern und Seniorenheimen zu versorgen und zu pflegen,
- später beruflich z.b. als Bäcker/in, Konditor/in, Fleischer/in, Koch/Köchin, Verkäufer/in im Lebensmittelhandwerk oder als Hauswirtschafter/in tätig zu sein.

Mit dem Erwerb des Hauptschulabschlusses nach Klasse 10 kann dann die einjährige Berufsfachschule 2 besucht werden, um dort den mittleren Schulabschluss (FOR) zu erwerben. Die berufliche Grundbildung ist für die Ausbildungsberufe, die dem Berufsfeld „Ernährung und Hauswirtschaft" zugeordnet sind, Grundlage einer folgenden Fachausbildung mit den Schwerpunkten Gastgewerbe und Hauswirtschaft, Nahrungsmittelhandwerk und Fleischverarbeitung.

Im berufsbezogenem Lernbereich werden Fächer wie Dienstleistung, Produktion und Betriebsorganisation unterrichtet. Dazu gehören sowohl praktische als auch theoretische Anteile wie zum Beipiel Nahrungszubereitung, Textilverarbeitung, Haus- und Wäschepflege, Ernährungslehre, Hygiene, Gerätekunde, Arbeits-und Gesundheitsschutz. Zum berufsübergreifenden Lernbereich gehören die Fächer Deutsch/Kommunikation, Religionslehre, Sport/Gesundheitsförderung und Politik/Gesellschaftslehre.

1.2 Biographische Reflexion: Erinnerungen an meine eigenen Schulerfahrungen und warum ich Berufsschullehrerin werden möchte

In meiner persönlichen schulischen Laufbahn durfte ich bereits verschiedene Schulformen besuchen und den Aufbau, sowie Inhalte des Schulalltags kennenlernen. Nach dem Besuch der Diesterweg-Grundschule der Stadt Dortmund, entschied ich mich nach der vierten Klasse zum Besuch eines Gymnasiums für meine weitere Schulbildung. Die Wahl für den schulischen Verbleib der nächsten Jahre fiel auf das Helmholtz-Gymnasium in Dortmund. Hier besuchte ich die Klassen 5 bis 12 und verließ die Schule im Jahr 2013 mit dem Erhalt der Allgemeinen Hochschulreife.

Am Helmholtz-Gymnasium konnte ich verschiedenste fachliche Inhalte erlernen und bereits erkennen, welche fachlichen Bereiche, der naturwissenschaftliche und wirtschaftliche aber auch sprachliche, mir liegen. So kam es auch zur Wahl der Leistungskurse Deutsch und Biologie, dem dritten Abiturfach Russisch und dem vierten Abiturfach Pädagogik.

Nach Erhalt der Allgemeinen Hochschulreife wollte ich den Schritt in die Berufswelt wagen. So entschied ich mich für eine kaufmännische Ausbildung, welche die beste Wahl für meine fachlichen Interessen in der Schule war. Im Zuge dieser Ausbildung durfte ich Einblicke in den Schulalltag eines Berufskollegs erhalten. Besonders deutlich wurde mir hier der Unterschied des berufsbildenden Bereichs der Berufsschule zu meinen bisherigen Stationen meiner schulischen Laufbahn. Es war interessant zu sehen, wie sehr sich die Motivation und das Engagement der Lernenden in der Ausbildung, die die Inhalte in direkten Bezug zu ihrem Beruf setzten und das Gelernte direkt verknüpfen konnten, von Lernenden zur Phase der Schulpflicht unterscheiden. Diesen Abschnitt meiner schulischen Laufbahn beendete ich nach zweieinhalb Jahren mit der Berufsbezeichnung Industriekauffrau in zwei sehr unterschiedlichen Unternehmen. Nebenbei lernte ich als Aushilfe die Lebensmittelindustrie mit einer Tätigkeit im Verkauf kennen und erweiterte so meine Kenntnisse.

Hier merkte ich jedoch schweren Herzens, dass mich dies, aufgrund fehlender Abwechslung im Berufsalltag, nicht zufriedenstellen konnte. Ich wünschte mir abwechslungsreichere Tätigkeitsfelder, Herausforderungen und eine höhere menschliche Interaktion in meinem Berufsleben.

Aufgrund der angesprochenen Erfahrungen an der Berufsschule und dem dort bereits entstandenen Interesse am Beruf des Berufsschullehrers entschied ich mich für das Studium für Lehramt an Berufsschulen.

Mit Freude blicke ich nun dem Lehren entgegen und bin gespannt darauf, Wissen zu vermitteln und meine beruflichen Erfahrungen in einem abwechslungsreichen und interaktiven Berufsalltag einbringen zu können.

2.   Systematische Praxiserkundung

2.1   Begründung der Wahl des Themas im Hinblick auf biographische und problemorientierte Aspekte

Im Rahmen des Einführungs- und Orientierungspraktikums ist es vorgesehen, ein Thema zu wählen, welches im Laufe der Hospitation vertieft werden soll. Für mich war schnell klar, dass ich mit dem Thema „Umgang mit Unterrichtsstörungen" arbeiten wollte, da ich im Laufe meiner Schullaufbahn bereits gemerkt habe, dass verschiedenste Situationen und Einflüsse den Unterricht stören können. Es ist für mich elementar wichtig, dass ich als Lehrender die Situationen frühzeitig erkennen und intervenieren kann, um einen reibungslosen Verlauf des Unterrichts zu gewährleisten. Für mich war es sehr interessant zu sehen, wie Lehrerinnen und Lehrer mit solchen Situationen umgehen oder es im besten Fall schaffen, solche Situationen gar nicht erst auftreten zu lassen. Während meiner Zeit an der Praktikumsschule konnte ich diverse Störfaktoren im Unterricht beobachten und daher lag es nahe mich diesem Thema zu widmen.

2.2   Theoretischer Umgang und bildungswissenschaftliche Theorieansätze in Bezug auf Störungen im Unterricht

Der Umgang mit Unterrichtsstörungen ist in der Forschung ein breit diskutiertes Thema, was ständiger Aktualisierung bedarf. In der Fachliteratur wird zu Beginn, das definiert, was eine Unterrichtsstörung ist. Man kann im Allgemeinen von einer Störung sprechen, wenn das Lehren und Lernen stockt, gar aufhört, oder inhuman wird (Vgl. Winkel, 2006, S. 31). Jedoch sind Unterrichtsstörungen zu komplex und vielseitig, um diese in Kürze zu definieren und zu verallgemeinern (Vgl. Steyer, 2004, S. 39).

Ebenfalls wird in der Fachliteratur die Verallgemeinerung von Unterrichtsstörungen als schwierig bis unmöglich eingestuft, da Unterrichtsstörungen unterschiedlich wahrgenommen werden. Was für den einen Lehrenden eine Unterrichtsstörung ist, nimmt ein anderer nicht als Beeinflussung wahr (Vgl. Winkel, 2006, S. 31).

Der Umgang mit Unterrichtsstörungen ist aber nicht nur aufgrund der individuellen Definition höchst komplex und variabel, sondern auch, weil hierbei verschiedene Faktoren eine Rolle spielen. So ist zu entscheiden welche Art der Störung vorliegt. Hier kann zwischen verbalem Störverhalten, mangelndem Lerneifer, motorischer Unruhe und aggressivem Verhalten unterschieden werden (Vgl. Eder, Fartacek und Mayr, 1987, S.14). Zusammengefasst kann man Störungen auf zwei Störungstypen reduzieren: Den Überaktivismus, welcher sich durch Unruhe und Übermotorik äußert, und den Passivismus, gekennzeichnet durch Müdigkeit oder Desinteresse (Vgl. Steyer, 2004, S. 45).

Des Weiteren ist zu hinterfragen, aus welchem Grund eine Störung aufkommt, denn eine Störung seitens eines Lernenden hat immer einen Hintergrund, welchen es zu erkennen gilt, um intervenieren zu können (Vgl. Barth, 2017, S. 47). Dies gilt jedoch nur, sofern die Störung vom Lernenden gewollt ist und ihm nicht ungewollt wiederfährt (Vgl. Brandstädter und Greve, 1999, S. 186). Ist der Hintergrund bekannt hat der Lehrende verschiedene Möglichkeiten zu intervenieren (Vgl. Bründel und Simon, 2013, S.15), welche sich jedoch alle in zwei Gruppen einordnen lassen: Jene, die dem autoritativen Ansatz der Erziehung folgen und jene, die dem autoritären Ansatz zuzuweisen sind (Vgl. Schuster, 2013, S. 43).

Sind alle oben erwähnten Aspekte in Augenschein genommen, was in der Regel intuitiv geschieht und nur wenige Sekunden benötigt sobald man die Klasse und die einzelnen Lernenden kennt, ist zu entscheiden, wie man bezüglich der Unterrichtsstörung agiert. Hier sind den Lehrenden von der direkten Ansprache, was die meist reflexartig gewählte und somit am häufigsten verwendete Variante ist (Vgl. Bründel und Simon, 2013, S. 15), über das Herstellen von Blickkontakt, das näher Herangehen an den/die störenden Lernenden oder das leisere Sprechen, um auch die Schüler zur Ruhe zu animieren, bis hin zum kurzfristigen Verweis vom Unterricht, wenig Grenzen gesetzt. Hierbei wird das Herstellen von Blickkontakt oft fälschlicherweise als Aktion der geringsten Intervention gesehen, jedoch ist dies, in Anbetracht des „ins Visier nehmen" des Lernenden, eine sehr strenge Methode. Wichtig ist bei allen Varianten, dass das Fehlverhalten und nicht die sich fehlerhaft verhaltende Person bestraft wird. So ist nach Durchführung der Intervention immer wieder ein normaler Umgang zu pflegen um dem Lernenden nicht das Gefühl einer persönlichen Diskrepanz zu vermitteln (Vgl. Schuster, 2013, S. 50 f).

Der Cornelsen Verlag schreibt und empfiehlt Lehrkräften bezüglich Unterrichtsstörungen folgendes: „Sprechen Sie respektvoll, weich und gelassen; kommunizieren Sie klar und mit einfachen Worten. Behalten Sie das aktuelle Problem im Fokus und schweifen Sie nicht ab. Lassen Sie sich nicht in Machtkämpfe verwickeln und beenden Sie das Gespräch rechtzeitig, wenn es zu eskalieren droht. Zeigt der Schüler sich aber kooperativ, erkennen Sie das auch an – und erwähnen Sie es gegebenenfalls auch in späteren Gesprächen und Berichten."

2.3 Formulierung der Fragestellung für die Praxiserkundung: Welche Methoden werden zur Unterbindung von Unterrichtsstörungen an der Praktikumsschule eingesetzt und wie erfolgreich sind sie?

Für mich war es wichtig zu sehen und zu erkennen, wie viel der erlernten theoretischen Vorgehensweise, im von mir hospitierten Unterricht, wiederzufinden ist. Aus diesem Grund habe ich mich für die folgende Fragestellung entschieden: Welche Methoden werden zur Unterbindung von Unterrichtsstörungen an der Praktikumsschule eingesetzt und wie erfolgreich sind sie?

2.4 Planung, Durchführung, Analyse und Reflexion der Praxiserkundung

Da für mich nicht vorhersehbar war, inwiefern im Laufe meiner Hospitation Störungen im Unterricht vorfallen werden, welche ich in Zusammenhang mit meiner Fragestellung beobachten könnte, habe ich mich entschieden, die von mir hospitierte Lehrende bezüglich ihrer Vorgehensweise bei Unterrichtsstörungen in Form eines Interviews zu befragen.

Sehr interessant für mich war, dass in den durchgeführten Gesprächen und Interviews, die von mir hospitierte Lehrende zunächst auf die Thematik eingegangen ist, was eine Störung denn genau ist und, dass dies individuell zu erörtern ist. So machte sie mich darauf aufmerksam, dass ein Verhalten, oder ein Lautstärkepegel, der im Frontal-, oder Einzelunterricht eine Störung mit sich bringt, in Gruppen- und Partnerarbeit, oder bei der Arbeit am Computer, den Unterricht nicht zwingend nachteilig beeinflusst. Auch auf die Wichtigkeit der Unterscheidung jeder Klasse hat mich die Lehrkraft hingewiesen. So ist eine Klasse, die von Grund auf etwas unruhiger ist anders zu behandeln und zur Mitarbeit zu motivieren als eine von Grund auf disziplinierte Klasse.

Wichtig sei bei dem Umgang mit Unterrichtsstörungen ebenfalls zu bestimmen, wann eine Störung auftritt. So ist eine Störung in der dritten und vierten Stunde, in denen die Lernenden noch ausgeruht, aber schon auf die Schule fokussiert sein sollten, anders zu bewerten, als eine Störung in der siebten und achten Stunde, welche Unkonzentriertheit und Müdigkeit als Hintergrund haben kann, oder eine Störung in den ersten Stunden, welche dadurch beeinflusst werden kann, dass die Lernenden noch nicht richtig im Schultag angekommen sind.

Ein weiterer Faktor, der laut der von mir hospitierten Lehrkraft Grund für Störungen sein kann, ist der Unterricht rund um die eigene Stunde. So kann es vermehrt zu Störungen kommen, wenn Lernende zuvor Sportunterricht hatten und entsprechend unkonzentriert sind, oder wenn sie zuvor oder im Anschluss eine Arbeit oder eine Klausur in einem anderen Fach schreiben. Das kann dazu führen, dass Lernende sich mental bereits auf diese Prüfung einstellen, oder durch die vorherige Klassenarbeit ausgelaugt sind.

Auch im Zusammenhang mit der Intervention bei Unterrichtsstörungen konnte ich in den Gesprächen mit dieser Lehrkraft einige Parallelen zur Fachliteratur erkennen. So gab diese Person an, dass sie bei Unruhe in der Klasse vor allem durch körperliche Präsenz eine Beruhigung der Lernenden hervorrufen wolle, indem sie bei einzelnen störenden Lernenden den Blickkontakt suche oder sich in die Nähe des Unruheherdes begebe.

Insgesamt ist also anzumerken, dass sich meine Erkenntnisse aus der Praxiserkundung sehr stark mit den Inhalten der Theorie ähneln.

Sowohl im Bereich der Definition einer Unterrichtsstörung, als auch im Hinblick auf den Hintergrund der Störung und die Unterscheidung in verschiedenen Sozialformen stimmen die Aussagen der Lehrkraft mit den Inhalten der Fachliteratur überein.

Somit komme ich zu dem Schluss, dass in Bezug auf den Umgang mit Unterrichtsstörungen und daher auch bei der Definition und der Reflexion der Hintergründe, welche immer in Zusammenhang stehen, Theorie und Praxis sehr nah beieinanderliegen.

3. Gestaltung von Unterrichtsphasen und Reflexion der Lehrerinnenrolle

Name: Kim Lisa Markmann

Schule: Berufskolleg der Stadt Dortmund

Klasse: b

Unterrichtsfach: Betriebsorganisation

Thema der Stunde: Kennenlernen der Berufe im Nahrungs- und Gastgewerbe

Zeitbedarf: 90 Minuten

Beschreibung der Lerngruppe

Es handelt sich um eine Klasse mit 29 Lernenden im Alter von ca. 16-25 Jahren. Viele dieser Lernenden sind erst vor kurzer Zeit aus politischen Gründen mit ihren Familien nach Deutschland gekommen und haben dementsprechend keine überragenden Deutschkenntnisse. Die Klasse ist insgesamt eher unruhig und oft unkonzentriert, allerdings sehr motiviert Neues zu erfahren und zu lernen. Die Mitarbeit ist ausgeprägt, wobei es sich nicht auf einzelne Lernende beschränkt, die sich regelmäßig melden, sondern es vielmehr die gesamte Klasse ist, die sich beteiligt. Einige Lernende sind hochmotiviert und teilen sich sogar mit, ohne aufgezeigt zu haben. Dies führt aufgrund des harmonischen Klassengefüges zwar nicht zu Unruhen, trotzdem ist die Lehrkraft dazu angehalten, Wortmeldungen ohne vorheriges Aufzeigen zu unterbinden, um allen Lernenden gerecht zu werden und Wortmeldungen zur Bildung der Benotung der sonstigen Leistungen zu erhalten.

Zentral didaktisch-methodische Idee für die Stunde

Ziel des weiteren Unterrichts ist es, dass die Schülerinnen und Schüler mögliche Berufe für ihren weiteren Lebensweg kennenlernen. Hierfür werden die Schülerinnen und Schüler in Gruppen eingeteilt. Das Arbeiten in Gruppen ist für die Schülerinnen und Schüler oft aufregender und motivierender als das Lernen alleine. Jedes Gruppenmitglied hat andere Vorkenntnisse, Ideen oder Ansichten, die er mit in die Gruppenarbeit einfließen lässt. So lernen die Schülerinnen und Schüler aktiv zu argumentieren und zu diskutieren und ihr Wissen später verständlich und strukturiert vorzutragen. Alle Schülerinnen und Schüler können sich so gegenseitig unterstützen, vor allem bei Verständnisproblemen. Außerdem bat mein Unterricht in der Form einer

Gruppenarbeit den Schülerinnen und Schülern nach viel Frontalunterricht ein wenig Abwechslung.

Beschreibung und Erläuterung der getroffenen Entscheidungen

Durch gemeinsames Durchgehen der 5-Schritt-Lesemethode und das Vorlesen der fünf Schritte von fünf Schülerinnen und Schülern und das anschließende Klären von Fragen war gewährleistet, dass jeder von ihnen verstanden hatte, was nun zu tun ist. Auf einem von mir ausgeteilten Arbeitsblatt war ebenfalls der Arbeitsauftrag für die nächsten 50 Minuten dargestellt. Die Schülerinnen und Schüler hatten zu bestimmen, wer in ihrer Gruppe der Gruppenleiter, wer der Zeitnehmer und wer der Protokollant bzw. Schreiber ist. Jede Gruppe hat Informationen über einen Beruf im Nahrungs- und Gastgewerbe erhalten und sollte diese nun nach der 5-Schritt-Lesemethode gemeinsam lesen. Dabei erhielt jede Gruppe jeweils unterschiedliche Berufe. Nun sollten die gesammelten Informationen der Wichtigkeit nach sortiert werden und auf einem Plakat festgehalten werden. Alle benötigten Materialien dazu wurden von mir und meiner von mir hospitierten Lehrerin besorgt und zur Verfügung gestellt. Zum Schluss sollte beschlossen werden, wer von den Schülerinnen und Schülern dieses Plakat vor der Klasse präsentiert.

Ich habe mich für diese Art von Bearbeitung entschieden, um eventuelle Fragen vor der Arbeitsphase zu klären und sicherzustellen, dass alle Lernenden in der Lage sind diese Arbeitsaufträge zu bearbeiten. Falls es Verständnisfragen während der Gruppenarbeitsphase gab, haben meine hospitierte Lehrerin und ich diese beantwortet. Da die Schülerinnen und Schüler alle einen sehr unterschiedlichen Kenntnisstand des deutschen Wortschatzes besitzen, haben sie viele Fragen und Verständnisschwierigkeiten. An der Tafel sammelte ich deshalb Wörter nach denen gefragt wurde und bat eine Erklärung bzw. Synonyme dazu. So konnte verhindert werden, dass mehrere Schülerinnen und Schüler immer wieder die gleiche Frage stellten. Viele Schülerinnen und Schüler mit anderer Muttersprache als Deutsch aufgewachsen haben in dieser Klasse einen „Wortschatz-Hefter", in dem sie neue unbekannte Wörter aufführen und in ihre Muttersprache übersetzen und auf Deutsch erklären.

In der Gruppenarbeitsphase war mir wichtig, die Richtigkeit der Eintragungen der Lernenden auf den Plakaten zu überprüfen und vor allem auf die Rechtschreibung und Grammatik zu achten. Bei Erklärungen zu den Tätigkeiten innerhalb der einzelnen Berufe habe ich besonders darauf geachtet, eine Verbindung zum Alltagsleben herzustellen, um den Lernenden richtige Vorstellungen und einen späteren korrekten Umgang zu ermöglichen.

Die Tabelle und das ausgeteilte Arbeitsblatt zum gestalteten Unterricht, aus welcher die einzelnen Arbeitsphasen erkennbar werden, befindet sich im Anhang.

4. Reflexion der Theorie-Praxis-Phase und Konsequenzen für den weiteren Verlauf meines Studiums

Das Eignungs- und Orientierungspraktikum war mein erstes Praktikum an einer Schule. Dementsprechend hoch waren meine Erwartungen, aber auch meine Zweifel und Ängste. Denn wenn Menschen mit unterschiedlichster kultureller und sozialer Herkunft aufeinander treffen und miteinander lernen, dann ist das eine ganz besondere Situation, die meiner Meinung nach viele Chancen in sich trägt, aber auch große Herausforderungen mit sich bringt. Für mich ist dieses Praktikum eine Chance, die gelernte Theorie in der Praxis umzusetzen und wertvolle Erfahrungen im Umgang mit Schülerinnen und Schülern unterschiedlicher Herkunft zu gewinnen, aber natürlich auch zu erkennen, ob der Lehrerberuf tatsächlich das ist, was ich mein Leben lang machen möchte.

Mein Entschluss Lehrerin werden zu wollen hat viel damit zu tun, dass ich gerne mit Menschen zusammen arbeite. Auch an einem Berufskolleg gehört die Aufgabe zu erziehen für mich zum Lehrerberuf dazu. Ich möchte den Jugendlichen und Erwachsenen helfen ihre Persönlichkeit zu prägen und weiterzuentwickeln, vor allem im Hinblick auf ihre berufliche Zukunft. Ich bin überzeugt davon, dass es mir viel Freude bereiten wird an der Persönlichkeitsentwicklung meiner Schülerinnen und Schüler mitzuwirken. Ich möchte die beruflichen und persönlichen Gestaltungs- und Entwicklungsmöglichkeiten meiner Schüler positiv beeinflussen. Schließlich ist der vorrangige Auftrag von Schule die Entwicklung der Persönlichkeit ihrer Schüler. Mein Ziel ist es, stetig pädagogische Kompetenz zu entwickeln und alle anderen Kompetenzen zu erweitern. Ich möchte Berufspraxis erkunden und Aufgaben von Lehrerinnen und Lehrern kennen lernen und das konnte und durfte ich innerhalb meiner Zeit am Berufskolleg.

Insbesondere in der ersten Woche fiel es mir noch sehr schwer die Perspektive zu wechseln und mich nicht mehr als Schüler zu fühlen, da auch ich einige Jahre zuvor noch als Auszubildende an einem Berufskolleg im Unterricht gesessen habe. Zum Glück begleitete mich meine Betreuerin oder Lehrerin jeder Stunde vom Lehrerzimmer zum Unterrichtsraum, erzählten mir etwas über die Schule oder die Schülerinnen und Schüler der Klasse und das momentane Unterrichtsthema. Sie erzählten mir auch von den großen Schwierigkeiten vieler Schülerinnen und Schüler, die deutsche Sprache zu erlernen. So gaben sie mir mehr und mehr das Gefühl, in der Position des Lehrenden und nicht des Lernenden zu sein und ich konnte mir halbwegs vorstellen, worauf ich mich da eingelassen hatte. Die Heterogenität der Lerngruppen ist eine große Herausforderung. Geschlecht, Herkunft, Alter, körperliche und seelische Beeinträchtigungen, Interessen, Intelligenz, Motivation und Vorwissen dieser Menschen sind alles Merkmale von Verschiedenartigkeit, die es von uns Lehrkräften zu beachten und zu berücksichtigen gilt. So war auch meine zu betreuende Klasse von 29 Lernenden sehr verschiedenartig. Ich war positiv überrascht von der Kooperation, Disziplin und Motivation der Klasse, denn einige von ihnen waren das Lernen gar nicht gewohnt und haben die Schule in ihrer Heimat gar nicht oder nur unregelmäßig besucht.

Alle Schülerinnen und Schüler schienen sehr froh über meine Anwesenheit und Unterstützung zu sein. So war auch die Lehrerin sehr froh über meine Anwesenheit, denn sie hatte in Vergangenheit oft mit den „Defiziten" der Schülerinnen und Schüler in der deutschen Sprache zu kämpfen. Eben durch Verständnisschwierigkeiten traten hier des Öfteren Unruhen auf, die allerdings souverän und auf verschiedenste Art und Weise von der Lehrkraft gelöst wurden. Dies hat mir geholfen, selbst Möglichkeiten und Anregungen für den späteren Lehrerberuf mitzunehmen.

Durch meine Aufenthalte im Lehrerzimmer wurde mir bewusst, dass Lehrer sein deutlich mehr bedeutet als nur Unterricht zu geben und vorzubereiten. Von vielen Lehrkräften erfuhr ich, dass sie auch neben dem Unterricht für ihre Schülerinnen und Schüler da sind, ihnen bei Problemen helfen und vermitteln. Leider gibt es auch einige Schülerinnen und Schüler, die die Schule vorschnell wieder verlassen müssen, da ihnen zum Beispiel eine Aufenthaltsgenehmigung fehlt. Es war mir nie bewusst, wie intensiv diese Hilfe von den Lernenden in Anspruch genommen wird und wie sehr sie auch gebraucht wird. Zudem bekam ich einen Einblick darin, welche organisatorischen Tätigkeiten auf einen Lehrenden zukommen. Seien es Klassenfahrten, Konferenzen oder Elterngespräche. Leider hatte ich nicht die Möglichkeit an einer Konferenz oder einem Praxisbesuch teilzunehmen, aber die Lehrkräfte haben mir viel darüber erzählt, sodass ich einen Einblick in diesen Bereich bekommen konnte.

In meiner selbstgehaltenen Unterrichtsstunde, sowie in den Stunden in den Fächern Betriebsorganisation und Dienstleistung, in denen mich die Lehrkraft, die ich begleitet habe, angehalten hatte mit ihr „Teamteaching" zu betreiben, also gleichwertig als Lehrkraft den Lernenden zu helfen, konnte ich viel über mich, meine Körpersprache und meine Ausstrahlung lernen. In der ersten Stunde war ich noch etwas unsicher, konnte mir jedoch durch Hilfestellungen der Lehrkraft schnell ein selbstbewussteres Auftreten aneignen, was ich auch im selbst gehaltenen Unterricht zeigte. Ich nehme es nicht so streng, wenn zwischendurch einmal geredet wird und finde es super, dass die Lernenden sich gegenseitig bei Verständnisschwierigkeiten unterstützen. Dennoch lege ich Wert auf ein respektvolles und gerechtes Miteinander. Ich fühlte mich nach jedem Tag an der Schule ein kleines bisschen besser und freute mich darüber, helfen zu können und diesen noch sehr jungen Menschen etwas mit auf ihren Weg gegeben zu haben.

Vor meinem Praktikum war ich mir noch nicht zu 100% sicher, ob der Lehrerberuf wirklich genau das Richtige für mich ist. Zwar gebe ich schon sehr lange Nachhilfe in verschiedensten Fächern, aber vor einer Klasse zu stehen, insbesondere vor fast Gleichaltrigen ist etwas ganz anderes. Nach dem Praktikum kann ich guten Gewissens behaupten, dass ich mir nun sicher bin, den passenden Beruf für mich entdeckt zu haben. Das Unterrichten hat mir sehr viel Spaß gemacht und mich jeden Tag aufs Neue vor eine Herausforderung gestellt. Ich bin ein sehr ehrgeiziger und zielstrebiger Mensch und stelle mich dieser Herausforderung gern. Mein Selbstbewusstsein und Selbstwertgefühl sind während des Praktikums gewachsen.

Außerdem habe ich festgestellt, dass sich meine Vermutung bestätigt hat, dass ich mich im berufsbildenden Bereich sehr wohl fühle. Dies bestärkt meine Wahl für das Berufskolleg.

Das Vorbereitungsseminar hat mir in Bezug auf mein Praktikum sehr geholfen. Ich habe so bereits vor meinem Praktikum Informationen erhalten und bin somit nicht unwissend in das Praktikum eingestiegen. Dadurch, dass jeder im Seminar die Chance bekam von seinen Erfahrungen zu berichten und ein Austausch über Probleme und deren möglichen Lösungen stattfand, fühlte ich mich sicherer. Es hat mir besonders gut gefallen, dass das Seminar von einem Lehrenden geleitet wurde, da somit viele praktische Beispiele eingebracht wurden. Das hat das Seminar sehr anschaulich gemacht.

Insgesamt war ich sowohl mit meinem Praktikum, als auch mit dem dazugehörigen Seminar sehr zufrieden. Ich konnte viel für meinen weiteren Weg mitnehmen und freue mich auf meine weitere Zeit als Studentin des Lehramts und später dann als Lehrkraft. Das Projekt „Dortmunder Modell" hat mich dazu bewegt, mich zukünftig zusätzlich im Bereich Deutsch als Zweit-/Fremdsprache zu engagieren und mich mit viel Freude daran weiterzubilden.

Anhang

I. Tabellarische Planung meines zu haltenden Unterrichts

Unterrichtsphasen	Inhalt	Medien	Sozialform
Einstiegsphase	- Begrüßung - Kurze Einführung in das zukünftige Thema	keine	Unterrichtsgespräch
Erarbeitungsphase I	- Gemeinsames Durchgehen der 5-Schritt-Lesemethode und des Arbeitsauftrags - Anschließend werden Verständnisfragen geklärt	Arbeitsblatt	Unterrichtsgespräch, Beiträge/Vorlesen von Schülerinnen und Schülern
Erarbeitungsphase II	- Die Lernenden setzen sich in ihre Gruppen zusammen und bearbeiten den Arbeitsauftrag	Arbeitsblatt	Gruppenarbeit
Sicherung der Ergebnisse	- Die Lernenden tragen ihre Ergebnisse auf einem Plakat zusammen	Plakate	Gruppenarbeit
Vorstellung der Ergebnisse	- Jede Gruppe trägt ihre gesammelten Ergebnisse vor der Klasse vor	Plakate, Tafel	Präsentation
Feedback der Lernenden und der Lehrkraft	- Nach jeder Vorstellung gibt es eine Feedbackrunde, in der die Gestaltung und der Vortrag bewertet werden	Keine	Unterrichtsgespräch

II. Das dazugehörige Arbeitsblatt

BERUFE IM NAHRUNGS- UND GASTGEWERBE

Die 5-Schritt-Lesemethode

1. **Übersicht verschaffen:** Verschaffen Sie sich zunächst einen Überblick, worum es in dem Text geht. Dazu können Sie den Text überfliegen und sich insbesondere die (Zwischen-)Überschriften anschauen.
2. **Fragen stellen:** Formulieren Sie Fragen, auf die der Text eine Antwort geben könnte (Fragen an den Text).
3. **Genaues Lesen:** In diesem dritten Schritt lesen Sie den Text genau durch. Klären Sie Ihnen unbekannte Wörter und markieren Sie nicht verstandene Textpassagen zum Beispiel mit einem Fragezeichen. Danach unterstreichen Sie die wichtigsten Aussagen und die zentralen Schlüsselbegriffe des Textes.
4. **Text in Abschnitte gliedern und zusammenfassen:** Gliedern Sie den Text und versuchen Sie, für jeden Abschnitt eine passende Überschrift zu finden, die so knapp wie möglich den Inhalt wiedergibt.
5. **Hauptaussagen formulieren:** Im letzten Schritt formulieren Sie die Hauptaussagen bzw. Thesen des Textes in eigenen Worten.

Arbeitsauftrag (verfügbare Zeit: 50 Minuten)

1. Bestimmen Sie, wer in Ihrer Gruppe Gruppenleiter, wer der Zeitnehmer und wer der Protokollant/Schreiber ist.

   Namen der Gruppenmitglieder:

   _____

   _____

   Gruppenleiter (Ich bin der Chef):

   _____

   Zeitnehmer (Ich achte auf die Zeit):

   _____

   Protokollant/Schreiber (Ich halte die Ergebnisse sauber fest und bringe sie wieder mit):

   _____

2. Lesen Sie gemeinsam den Ihnen vorliegenden Text nach der oben stehenden 5-Schritt-Lesemethode.
3. Halten Sie Ihre Ergebnisse anschaulich auf dem Plakat fest.
4. Planen Sie, wer am Ende was präsentiert.

Achten Sie bei der Plakaterstellung auf Folgendes:

- **Nur Stichpunkte, kein Text**
- **Klare und sichtbare Überschrift des Plakates**
- **Schriftgröße mindestens so groß wie ihr kleiner Finger**
- **Gliederung/klar getrennte Bereiche**
- **Schreiben Sie leserlich und achten Sie auf Rechtschreibung und Grammatik**

Literaturverzeichnis

Barth, V. L. (2017): Professionelle Wahrnehmung von Störung im Unterricht. Wiesbaden: Springer Fachmedien Wiesbaden GmbH, S.7-62

Brandstädter, J. (2001): Entwicklung, Intentionalität, Handeln. Stuttgart (u.a.): Kohlhammer

Brandstädter, J./Grewe, W. (1999): Intentionale und nicht intentionale Aspekte des Handelns. In: Straub, J./Werbik, H. (Hrsg.): Handlungstheorie. Begriff und Erklärung des Handelns im interdisziplinären Diskurs. Frankfurt a.M.: Campus, S.185-213.

Bründel, H./Simon, E. (2013): Die Trainingsraum-Methode. Unterrichtsstörungen – klare Regeln, klare Konsequenzen. Weinheim und Basel: Beltz Verlag, S.15-42.

Eder, F., Fartacek., W. & Mayr, J. (1987): Schwierigkeiten von Lehrerstudenten und Lehrern im Umgang mit Schülern. In: Erziehung und Unterricht, S.12-24.

Schuster, B. (2013): Führung im Klassenzimmer. Disziplinschwierigkeiten und sozialen Störungen vorbeugen und effektiv begegnen – ein Leitfaden für Miteinander im Unterricht, München, Berlin Heidelberg: Springer-Verlag, S. 30-70

Winkel, R. (2006): Der gestörte Unterricht: diagnostische und therapeutische Möglichkeiten. Baltmannsweiler: Schneider.

Internetquellen

Steyer, H. (2004): Ursachen von Unterrichtsstörungen in der Berufsschule. Chemnitz: Technische Universität. Verfügbar unter http://nbn-resolving.de/urn:nbn:de:swb:ch1-200501370 , 09.12.2017, 20.00h

Cornelsen Verlag: „Mehr Disziplin im Klassenzimmer". Verfügbar unter https://www.scook.de/widget/scook/weiterwissen/ratgeber/unterrichtsstörungen/139376 , 09.12.2017, 20.00h

Berufskolleg der Stadt Dortmund. Verfügbar unter http://www.rombergbk.de , 09.12.2017, 20.00h

Berufskolleg der Stadt Dortmund. Unsere Schule. Grußwort und Leitbild. Verfügbar unter http://www.rombergbk.de/index.php/unsere-schule/leitbild , 09.12.2017, 20.00h

Berufskolleg der Stadt Dortmund. Nahrungs- und Gastgewerbe. Bildungsgänge. Verfügbar unter http://www.rombergbk.de/index.php/gast-und-nahrungsgewerbe/baecker/bildungsgang , 09.12.2017, 20.00h